いまいみさの
おりがみ手紙

毎日楽しめ まごころ伝わる ハッピー・クラフト

いまい みさ

講談社

はじめに

大切な人に　家族に
お世話になった人に──
愛のメッセージをこめて贈る「おりがみ手紙」

贈って楽しい
貰って嬉しい

やさしい気持ちがあふれ出します

だから
ずっと大事にしたい
ステキな宝物　折り手紙です

たくさん　宝物のヒントを用意しました
たくさん　楽しんでください
笑顔が　どんどん広がりますように

いまい みさ

「ハート」のつくり方
P76

「おりがみ手紙」の楽しみ方と注意

何にどんな言葉を添える?
いまい式は、メッセージ（短い文）を生かす「おりがみ手紙」です。だれに何を伝えようか？ 何を折って伝えようか？ あるいは折ったものに、どんな言葉を添えようか？ 喜んでくれるかしら？ 渡す相手のことを考えてつくるのはおもしろく、とても楽しい時間を過ごせます。

折り紙の裏に長い文章を書きたい方
ものによっては、折る前に、折り紙に書いておくことはできます。

いまい式「おりがみ手紙」は「贈る」ものです
お手紙は「送る」ものですが、この本では、プレゼントする意味で「贈る」を使っています。「おりがみ手紙」に切手をはって送ることはできません。

こんなときに「おりがみ手紙」

カンタンにつくれるものばかりなので、毎日つくっちゃっても、だいじょうぶ。「おりがみ手紙」そのものをプレゼントすることはもちろん、贈り物に添えたり、ごあいさつに使ったりするのもステキ。
メッセージは何でもオーケー！ 口では言いにくいことなども書けちゃうのは「おりがみ手紙」の魔法。この本ではアレンジ例も多くのせているので、隅々まで見てくださいね。

「ツバメ」のつくり方
P19

どんなことを伝えたい？

「おめでとう」

お誕生日カードにするなら、相手の好きなものを折ってあげるといいかも。そのほか、入園・入進学から卒業、季節行事、出産から敬老のお祝いなど、あらゆる行事のお祝いにぴったりです。「おりがみ手紙」には飾っておけるメリットもあります。

「ありがとう」

意外と口にしにくい感謝の言葉。でも、「ありがとう」って気持ちは毎日生まれているでしょう？ それを形にしてみませんか。それに、お別れのときにも「さようなら」よりも「（今まで）ありがとう」って伝えるほうが私は好きです。

ひらくと…

「大好き」

親子愛、家族愛、友愛、それから意中のあの人に……！ 愛の言葉をのせられるのは「おりがみ手紙」だからこそ。愛の種類はたくさんあるから、ストレートに伝えたり、ぼかしてみたり……工夫してみてくださいね。あなたの気持ちはきっと伝わります。

「がんばって」

試合や受験など、ふんばりどころを、ほっこりと応援できます。お守りのようにカバンや財布に入れて、大事にしてもらえるかも？ また、お見舞いなどには、励ましばかりでなく「祈る言葉」を添えると、あたたかい気持ちになってもらえそうです。

もくじ

＊本書のなかでは「ページ」の略としてPを用いています。

- はじめに ……P2
- 「おりがみ手紙」の楽しみ方と注意 ……P2
- こんなときに「おりがみ手紙」 ……P3
- どんなことを伝えたい？ ……P3
- この本の楽しみ方 ……P6
  - ◆用意するもの アレンジを楽しむもの ……P6
  - ◆折り紙でつくれる切り紙飾り ……P6
  - ◆つくり方の記号について ……P7
  - ◆折り紙サイズ 線の記号や言葉 ……P7

コラム
- ●飾ってかわいい ……P18
- ●お花はコップに立てて ……P24
- ●招き猫の手 ……P35
- ●手づくりメッセージを楽しもう ……P37
- ●ストロータイプの飾り方 ……P58
- ●組み立て前に書いておこう ……P64
- ●お年寄りもいっしょに楽しもう！ ……P65
- ●おうちカードでごあいさつ ……P66
- ●バレンタインリース ……P69

PART 1 毎日楽しい「おりがみ手紙」

		つくり方			つくり方
ツバメ	……P3	P19	ネズミ	P13	P32
ことり	……P5	P18	カエル	P13	P32
花束	……P8	P20	クマ	P13	P33
プレゼント	……P8	P21	※ネコとウサギ（ともにP13に掲載）はクマのアレンジです。		
クラッカー	……P8	P22	招き猫	P14	P35
ケーキ	……P9	P23	お守りカード	P15	P43
チューリップ＆ラッピング	……P10	P24	スマホ（スマートフォン）	P16	P36
ティーカップ	……P11	P26	ケータイ（携帯電話）	P16	P37
おでかけバッグ	……P11	P27	ネクタイ	P16	P38
かさ	……P11	P28	ビール	P16	P39
お買い物バッグ	……P11	P29	汽車	P17	P40
カラ入りヒヨコ	……P12	P30	くるま	P17	P41
ぱくぱくヒヨコ	……P12	P34	ロケット	P17	P42
ぱくぱくニワトリ	……P12	P34			

PART 2 季節も伝える「おりがみ手紙」

		つくり方			つくり方
えんぴつ	……P44	P54	ハロウィーン かぼちゃカード	……P50	P66
ノート	……P44	P55	ハロウィーン おうちカード	……P50	P67
バス	……P45	P56	クリスマス ツリーカード	……P51	P68
カメラ	……P45	P56	クリスマス リースカード	……P51	P69
おむすび	……P45	P57	クリスマス クラッカー	……P51	P22
こいのぼり	……P46	P58	クリスマス 大きめリース	……P51	P70
かぶと	……P46	P59	お正月リース	……P52	P70
カーネーションと額縁レター	……P47	P60	絵馬	……P52	P71
アイス＆コーン	……P48	P62	破魔矢	……P52	P72
うちわ	……P48	P63	お守り	……P52	P74
風鈴	……P48	P64	だるま	……P52	P75
扇	……P49	P65	ハート	……P53	P76
くす玉	……P49	P73	ホールケーキ	……P53	P77
			おひなさま	……P53	P78

入学おめでとう

ことり

つくり方 **P18**

驚くほどカンタンなのに、驚くほどいろいろに使えます。スタンドタイプなのもうれしく、毛糸やリボンでガーランドのように下げることもできます。たくさんの言葉と愛を運ぶ、幸せのことり。また、手づくりウエディングの席次カードにするなど、アイデア次第で使い道もいろいろ。

この本の楽しみ方

用意するもの
- ◆ 折り紙
- ◆ 筆記具
- ◆ ハサミ
- ◆ のり
- ◆ セロファンテープ
  ※文中では「テープ」と略しています。
- ◆ ステープラー

※のりやテープは、指示のないところでもお好みでお使いください。

アレンジを楽しむもの

◆ シール
100円ショップなどで手に入ります。ハートや星のマーク系、花などイラスト系のものが便利。

◆ 千代紙
和の雰囲気を出すのに、ぴったり。部分的にはったり、着物として折ったりできます。

◆ パンチ
100円商品でも十分役立ちます。ハートを逆さにして、丸シールをはると、ケーキのクリームになっちゃいます(P77)。

◆ 毛糸やリボン
飾りにも使え、揺れるモチーフのつなぎや、額縁などにも。

◆ 丸シール
事務用品なのに、さまざまに役立つすぐれモノ!

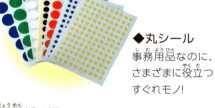

◆ 両面折り紙
一味違った仕上がりがおもしろいです。

折り紙でつくれる切り紙飾り

切り紙の飾りもつくってみましょう。二つ折りや四つ折りを利用します。表をなかにして、切り取り線を書いて切れば、表がきれいです。

◆ 二つ折り　半分だけ書いて切る

ハート	→	
ベル	→	
星	→	
リボン	→	

◆ 四つ折り

丸っぽい形のもの（花）	→	
同じ形をたくさん（ふきだし）	→	
同じ形をたくさん（葉）		
2対をつくる（かぶとの飾りなど）		

つくり方の記号について

折り紙サイズ

この本では、15cm四方の折り紙を使っています。

長さの注意 cm（センチメートル。この本のなかでは「センチ」と読みます）説明のなかで長さの単位はcmで表しています。これは「だいたい」の目安として示しますので、わざわざ測らなくてもだいじょうぶ！です。

小さく使うマーク 使う大きさに色をつけています。

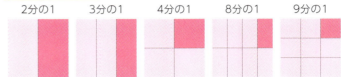

2分の1　3分の1　4分の1　8分の1　9分の1

線の記号や言葉

谷折り
表を向けて置き、谷折りすると、外側は白い面です。

折り山　→　ひらくと

山折り
表を向けて置き、山折りすると、外側は色の面です。

折り山　→

折り目
目安にする折り線には、実線を引いて強調しています。

十字に折り目
十字に折ることで、中心もわかります。

裏返す
見えている面をひっくり返します。

拡大図
説明写真を拡大して見せるときに示しています。

ハサミで切る ✂
ハサミマークのそばの実線を切ってください。

同じ記号を合わせる
★と★、☆と☆のように、同じマークの場所を合わせます。

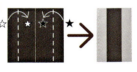

折りこむ ⬇
折り目をつけてから、内側に入れます。

角の様子

曲線の矢印
動きの補助線です。

まく　前に折る　後ろに折る

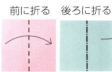

等分記号

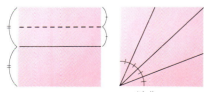

長さが同じ　角度が同じ

きれいに折るコツはたったふたつ！

1. 角をそろえる　　2. しっかり折る

※指を、中心から左右にすべらせて折り目をつける。

PART 1 毎日楽しい「おりがみ手紙」

いつでもどんなときでも、どんな人にも贈れる、「万能タイプ」のものから紹介します。

「花束」のつくり方 **P20**

「クラッカー」のつくり方 **P22**

「プレゼント」のつくり方 **P21**

花束
プレゼント
クラッカー

あけてビックリのプレゼント？ ひらくとメッセージが出てきます。花束は包みから花を出すと、メッセージがこんにちは！ クラッカーは元気に飛び出て笑顔を誘います。いろいろな「おめでとう」向きですが、「大好き！」をつめこんでもステキ。

ケーキ

つくり方 **P23**

誕生祝い、結婚祝いやお節句に「おめでとう」を。母の日や父の日には「ありがとう」を。敬老の日には「いつまでもお元気で」などは定番。ちょっと粋な使い方としては、お見舞いカードとして「またいっしょに遊ぼうね」と贈ってみては？ スタンドタイプで立ちますから、ベッドサイドで元気づけてくれそう。

つくり方 **P24**

チューリップ&ラッピング

チューリップの花言葉は博愛。花束にして、お世話になった人に贈るのはいかが？色によっても花言葉が変わるので、目的に合わせて色をえらぶといいかも。ピンクには「愛の芽生え」、赤には「愛の告白」、オレンジには「照れ屋さん」というかわいい意味も。メッセージはブーケの包みに書きましょう。

ティーカップ
おでかけバッグ
かさ　お買い物バッグ

何気ない日用雑貨たちです。バッグは、ひらくとメッセージが書かれています。ティーカップは立たせることができるタイプ、パソコンのキーボードに立てかけてあったりしたら、グッときませんか？かさもこんなふうに注意してもらえれば忘れ物が減りそうですね。

「おでかけバッグ」のつくり方 **P27**

「お買い物バッグ」のつくり方 **P29**

「ティーカップ」のつくり方 **P26**

「かさ」のつくり方 **P28**

カラ入りヒヨコ
ぱくぱくヒヨコ
ぱくぱくニワトリ

生まれたてのヒヨコちゃん、「誕生」のお祝いごとによさそうですよ。カラにもメッセージを書いて、2段階で楽しませましょう。ぱくぱくタイプのニワトリちゃんとヒヨコちゃんは、アクションつきが笑顔をよびます。ニワトリは、干支では、なかがわるいサルと犬のあいだの仲裁役としてえらばれたという説もあるくらい。なかをとりもつメッセージにいかが？

ネズミ
カエル
クマ（ネコ・ウサギ）

動物好きなあの人を楽しませるなら、こんなカードがおすすめ。どの子もおくちのなかにメッセージをはります。パカッとあけたときにうれしいサプライズ。メッセージが飛び出すポップアップのタイプもカワイイ！どんなメッセージを書いてもオーケーですよ。

招き猫

つくり方 **P35**

とってもカンタンなのにこんなにかわいくできちゃいます。招きたいことを書いて持たせてみましょう。持たせるもの、お顔の書き方でバリエーションがいくらでもつくれます。縁起物ですから、だれにあげてもきっと喜ばれますよ。さあ、何を招きましょう？

お守りカード つくり方 P43

カードをひらいたメッセージは下のとおり。あなたのオリジナルお守りを考えてみてね。ほかにもたくさん「〇〇お守り」がつくれるはず……よ!? つくり方のページでは、お守りを入れる袋も紹介しています。袋に入れれば本格仕様です。

早く元気になってね
祈ってるよ

ママ がんばってね
かわいい赤ちゃん
まってるよ

思いが
かないます
ように

試合勝利
ガンバレ!!

絶対 合格
自信をもって
がんばってね

いつまでも
健康で
元気でいてね

スマホ ケータイ
ネクタイ ビール

(スマートフォン) (携帯電話)

忙しくてゆっくりお話しができない家族にも「おりがみ手紙」を。スマホは、画面(お手紙面)の入れ替えができるので、家族との伝言板にも使えます。ケータイは二つ折りカードタイプ、ビールは裏と表の両方にメッセージを書けます。こんなお手紙をもらったら、疲れもふき飛ぶんじゃない!?

「スマホ」のつくり方 P36
「ケータイ」のつくり方 P37
「ビール」のつくり方 P39
「ネクタイ」のつくり方 P38

汽車 くるま ロケット

「汽車」のつくり方 **P40**
「ロケット」のつくり方 **P42**
「くるま」のつくり方 **P41**

のりもの好きの彼へ渡す「おりがみ手紙」。汽車はレールの上を走るイメージ、車はマイペースに休み休み道を行くイメージ、ロケットは宇宙までひとっ飛び！そんなイメージに言葉をあてはめてみるとステキです。どれもスタンドタイプになっています。

ことり

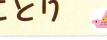

1 半分の三角に折る。

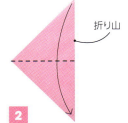

2 さらに三角に折る。

目はサインペンで書き、花のシールをはりました。

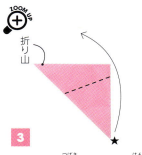

3 谷折りし、翼をたてる。反対側も同じに。

4 折り目をつけ、内側に折りこむとくちばし。

5 顔を書く。翼にメッセージを書こう。

ことりのツイート

ツイートというのは、ことりのさえずり。チュピチュピ♪ と幸せをさえずるのです。日々の何でもないようなこと、「おめでとう」や「ありがとう」、励ましもさまざまなごあいさつも、ことりは何でも運んでくれます。

止まり木

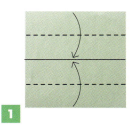

1 半分に折り目をつけ、中心に向かって折る。

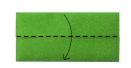

2 半分に折る。

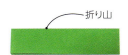

3 折り山を上にして使う。文字を書いてもよい。

飾ってかわいい♥♥♥

ことりはスタンドタイプ（自立型）なので、立たせて飾ることができます。また、あいだに毛糸やリボンをさしこんで、セロファンテープでとめれば、つるして飾ることもできます。麻ひもにクリップをつけ、クリップにことりをはさみ、何羽か連ねてガーランドにしてもかわいいです。

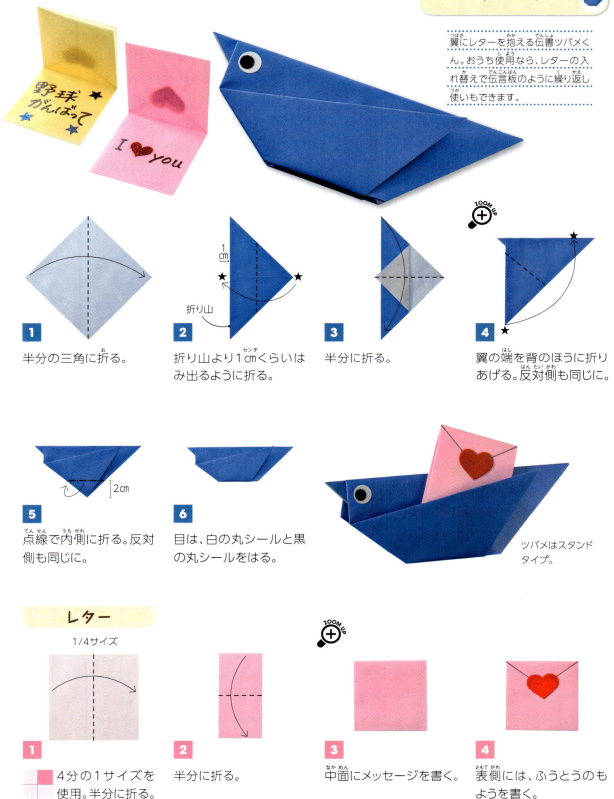

プレゼント

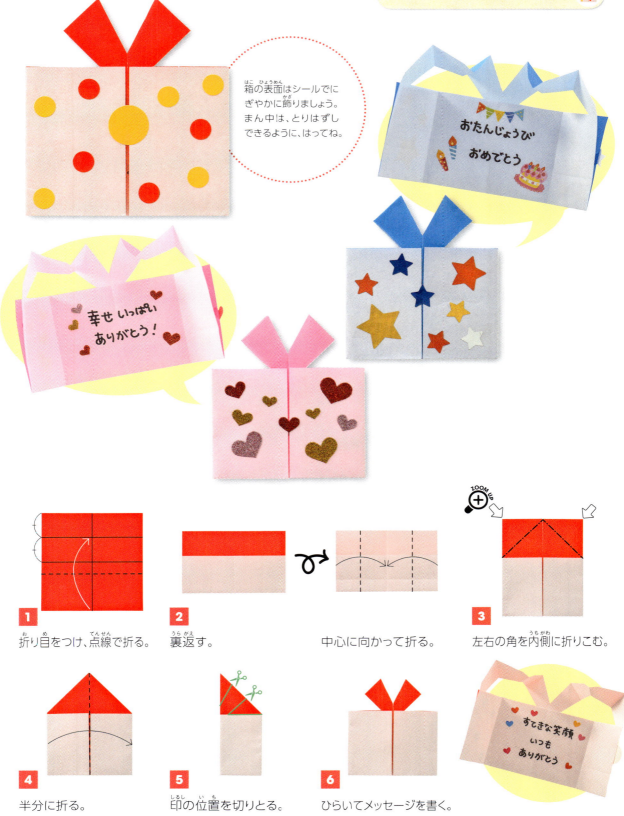

クラッカー

毛糸を使って、はじける感じに！切った折り紙やシールを使ってデコレーションしましょう。

本体

1 折り目をつけ、点線で折る。

2 点線で折る。

3 折り目をつけてから、内側に入れる。

4 本体のできあがり。にぎやかに飾ろう。

中身

1 1/4サイズ　4分の1サイズ使用。中心に向かって折る。

2 点線で折る。

3 裏返せば、できあがり。

メッセージはこの面に書こう。

テープ

メッセージを書いてから、中身をひらいて毛糸をテープではる。少し飛び出したくらいの長さにして本体にもテープではる。

ケーキ

しずく形を紅白でならべるとかわいくなります。赤と白の折り紙を重ねて、二つ折りして切ると整った形がつくれます。適当に切ってはった三角も、いい感じ。

1 十字に折り目をつけ、点線で折る。

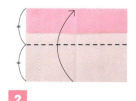

2 半分に折る。

3 上1枚を、点線で折る。

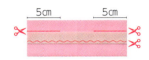

4 印の位置に切り目を入れる。波線も、上1枚だけ切る。

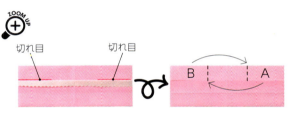

5 裏返して、点線で折ったら、AをBの内側にさしこむ。

6 中心に向かって折る。

7 裏返せば、できあがり。楽しく飾り、メッセージを添えよう。

谷折り------ 山折り------ 折り目—— 裏返す 拡大図

チューリップ&ラッピング

お手紙は、サインペンでラッピングに書きます。シールをはり、チューリップの茎にリボンを結びましょう。キュートな花束のできあがり。

花

1/2サイズ

1 半分に切った折り紙を使用。三つ折りにする。

2 半分に折る。

3 印の位置を切る。

4 ひらく。

5 しっかり折り目をつけてから、中に折りこむ。

お花はコップに立てて

身近なコップが花びんの代わりになります。チューリップやカーネーションはコップに立てて飾れます。

ティーカップ

カップに直接書くこともできますが、別の紙にメッセージを書いてはるとセンスアップして見えます。

1 中心に折り目をつけ、点線で折る。

2 半分に折る。

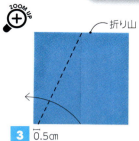

3 左側だけ、三角がはみ出るように折る。反対側も同じように折る。

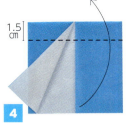

4 表側を点線で、折りあげる。反対側も同じように折る。

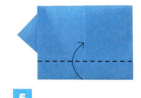

5 厚みの表側を折る。

6 4つの角を、折る。

7 上側をおろす（もどす）。

8 角を内側に折る。うしろも同じように折る。

9

裏返して、できあがり。

シールをはるだけでもオーケー。

お茶に添えて、おいしさ倍増。

ティーカップも底を広げると立てることができる、スタンドタイプです。いっしょにお茶を飲みたいあの人に……。ちょっとお疲れ気味のあの人に……。しゃれたお誘い、してみませんか？

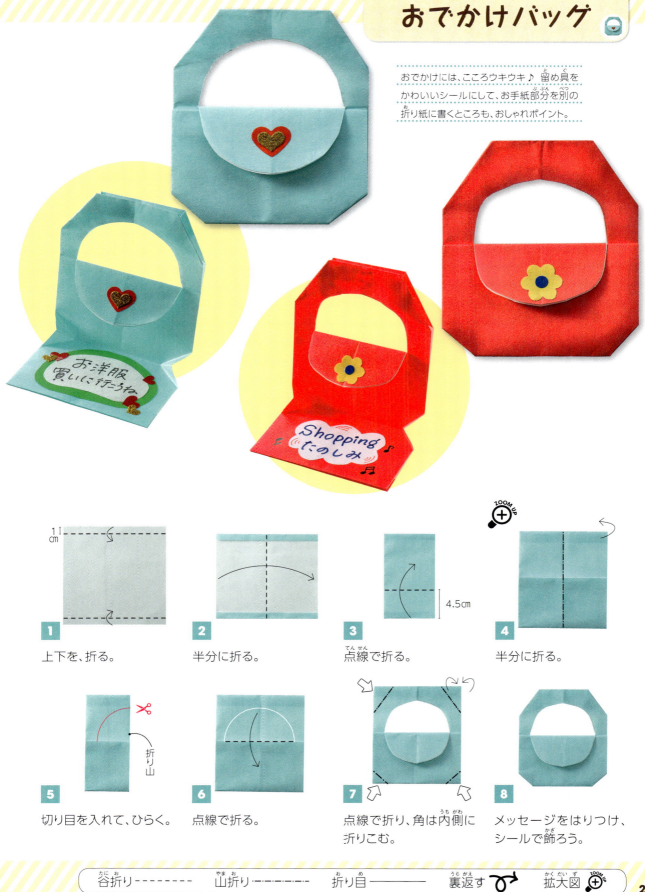

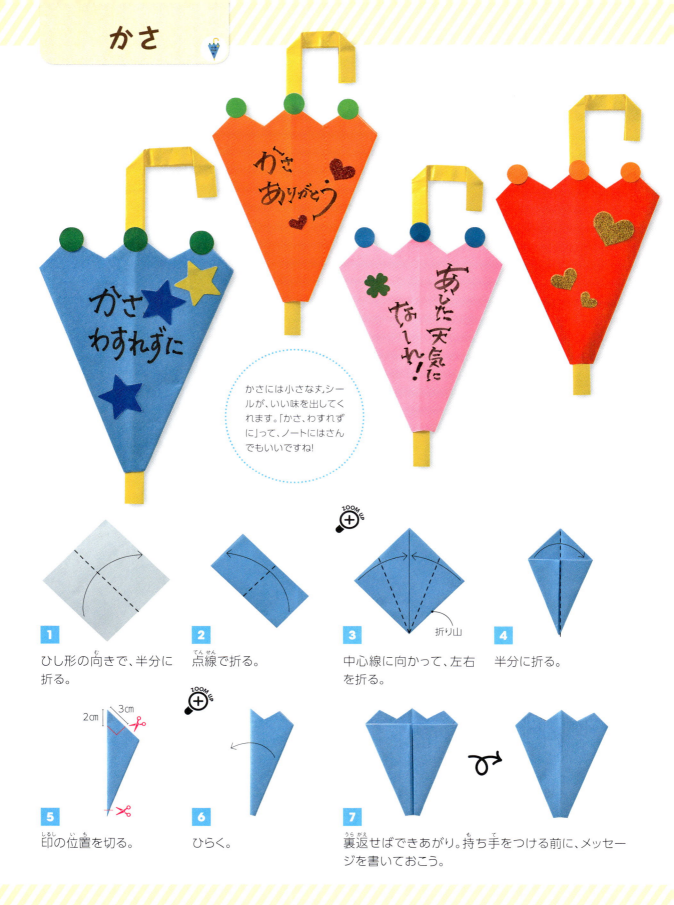

お買い物バッグ

1 半分に折る。

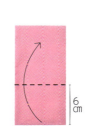

2 点線で折る。

3 半分に折る。

4 切り目を入れて、ひらく。

5 点線で折る。

6 点線で折り、角は内側に折りこむ。

7 シールでかわいく飾ろう。

シール使いが決め手！ステキに飾って。

かさの持ち手

1/3サイズ

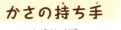

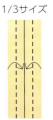

1 中心線に向かって、折る。

2 さらに中心線に向かって、折る。

3 半分に折る。

4 折り目をつけてから、内側に折りこむ。

5 折り目をつけてから、内側に折りこむ。

6 完成。本体をあけてさしこみ、のりではる。

谷折り ------ 山折り -・-・- 折り目 ──── 裏返す 拡大図

カラ入りヒヨコ

目はタテ長の丸にすると愛らしくなります。リボンは折り紙を二つ折りしてハサミで切り、まん中に小さな丸シールをはりました。くちばしは三角形をひとつにしたり、ふたつ使ったりして表情を変えます。ほっぺにも丸シールが便利です。カラの内側にもメッセージを書けます。

ヒヨコ

1 中心線をつけ、点線で折る。

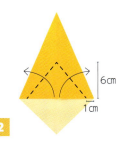

2 点線で折る。

3 下側も、点線で折る。

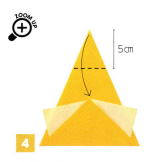

4 点線で折る。

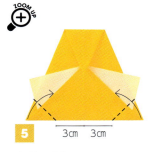

5 点線で折る。

6 頭になる部分を折る。

7 丸みをうまく出せるとかわいい。

裏返して、顔を書き入れよう。

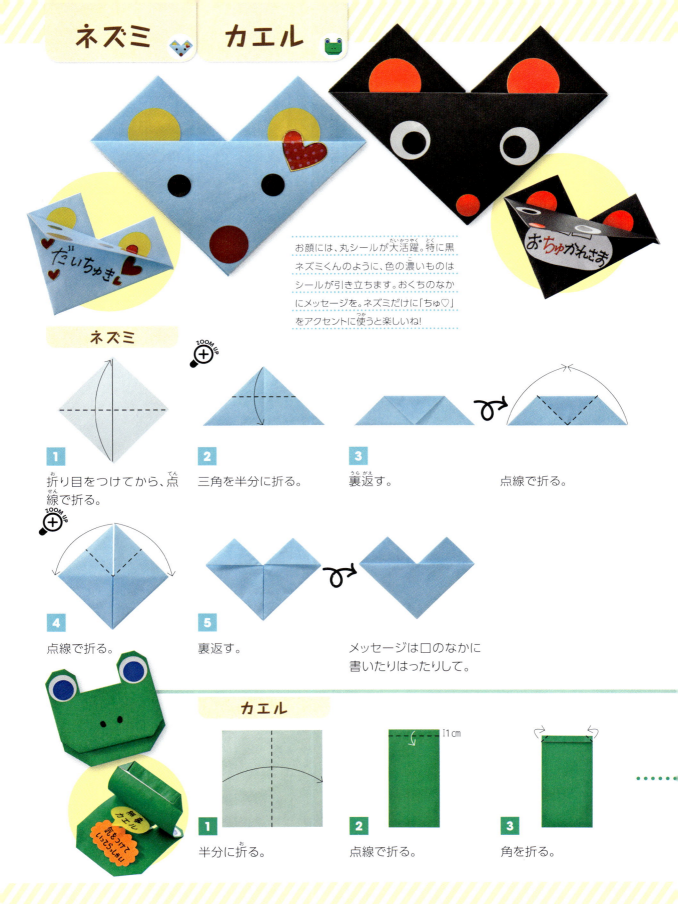

クマ

1 半分に折る。

2 点線を折る。

3 切り目を入れ、中央はなかに折りこむ。

4 角を折って、形を整える。

5 クマさんらしく、顔をつくろう。

丸い耳とお鼻でクマらしさがでます。ポップアップタイプです。

ウサギ

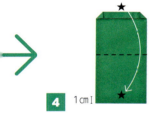

クマの折り方で、耳を長めに切り目を入れればウサギさん。

ネコ

クマの折り方で、耳を三角に仕上げ、ヒゲをつければネコちゃん。

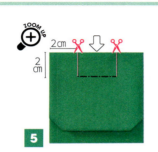

4 ★が合うように、折る。

5 切りこみを入れ、中央はなかに折りこむ。

6 角を折って、形を整える。

7 顔をひらくとポップアップになるよ。

谷折り　　　山折り　　　折り目　　　裏返す　　　拡大図

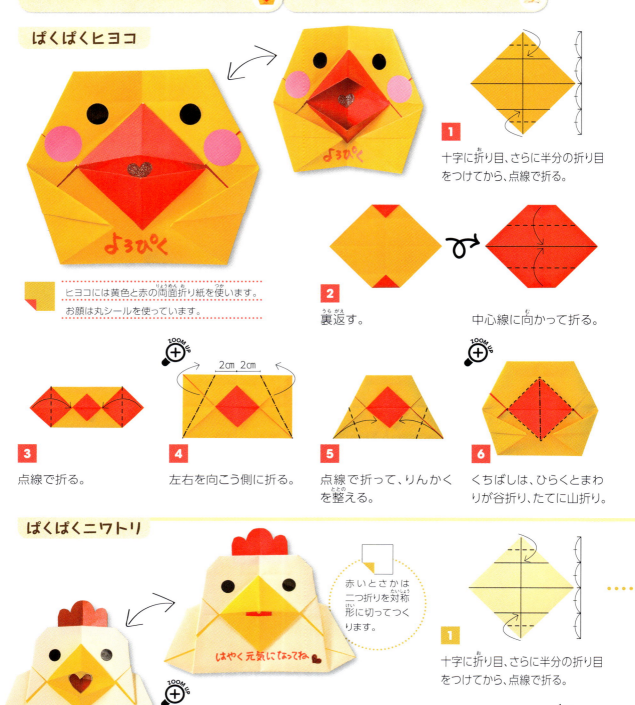

招き猫

1 たてに折り目をつけ、半分に折る。

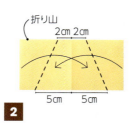

2 点線で折る。

3 左方向に折る。

サインペンや筆ペンで書きました。頬は色鉛筆だったり、シールだったりで印象が変わります。あなたの自信作を見つけてください。

4 下の角を折る。

5 裏返す。

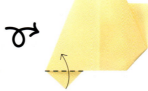

点線で折りあげる。

6 左右の角を折る。

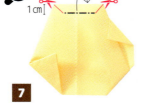

7 ナナメに切り目を入れ、向こう側へたおす。

8 顔を書きこみ、メッセージをはろう。

招き猫の手

招き猫には、右手をあげているとお金を招き、左手をあげていると人を招くという説があります。ここで紹介した猫さんは左手をあげていますが、もし、右手をあげているものを折りたかったら、**3**のところから、左と右を入れかえてつくってみて。このページに鏡を立てると、写真も逆で見られますよ。

2 裏返す。

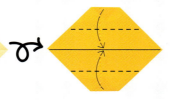

中心線に向かって折る。

3 点線で折る。

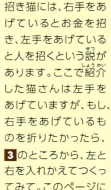
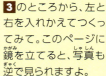

6 外にひらくように折る。

7 裏返す。

くちばしは、ひらくとまわりが谷折り、たてに山折り。

谷折り------ 山折り−・−・− 折り目——— 裏返す 拡大図

スマホ（スマートフォン）

カメラ部を表した丸シールがポイント。なかのメッセージ（画面）をとり替えられるので、伝言板や交換日記みたいにも使えちゃう。

本体

1 折り目をつけて、点線で折る。

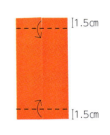

2 上下を折る。

3 角を向こう側に折る。

4 本体の完成。

画面

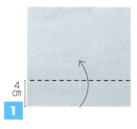

1 点線で折る。

2 3等分した左を、折る。

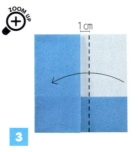

3 右側は、1cm程度よゆうを残して折る。

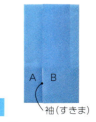

4 Bの袖（すきま）に、Aをさしこむ。

5 裏返す。

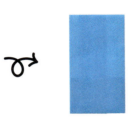

継ぎ目のない面に、メッセージを書こう。

ケータイ(携帯電話)

ひらくとメッセージが読めます。リアルな感じを出すのに、ここでも丸シールが大活躍。

本体

1 点線で折る。

2 半分に折る。

3 角に折り目をつけ、なかに折りこむ。

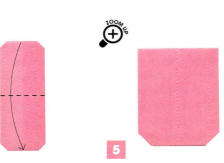

4 半分に折る。

5 内側にボタンを飾ってね。

画面 写真に示したサイズに紙を切って、はる。

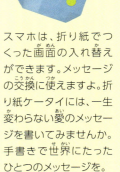

手づくりメッセージを楽しもう

スマホは、折り紙でつくった画面の入れ替えができます。メッセージの交換に使えますよ。折り紙ケータイには、一生変わらない愛のメッセージを書いてみませんか。手書きで世界にたったひとつのメッセージを。

谷折り------ 山折り－・－・－ 折り目——— 裏返す 拡大図

37

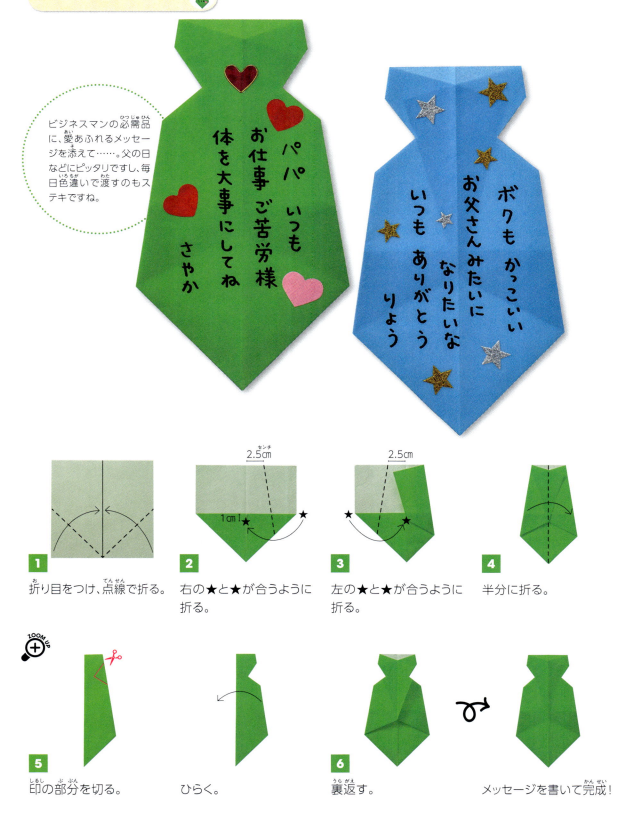

ビール

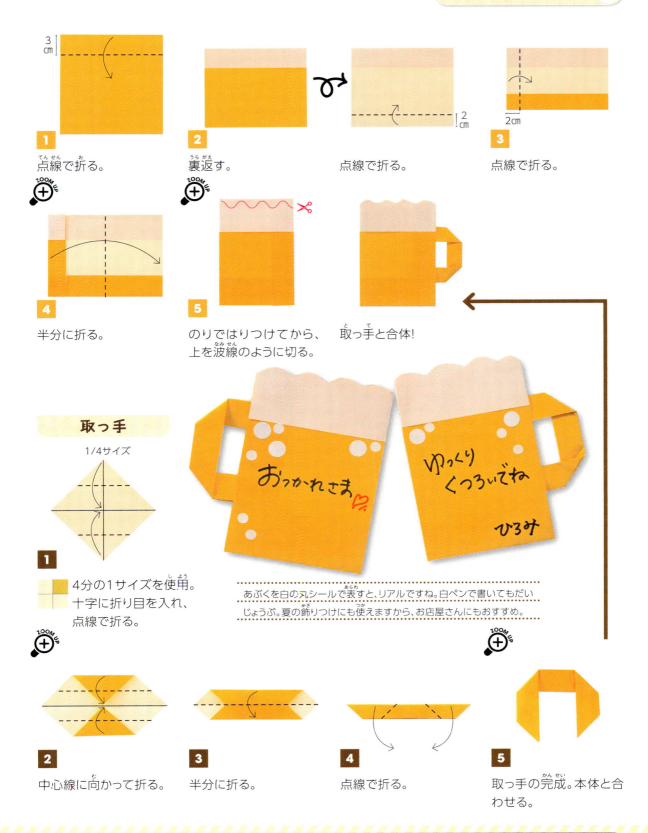

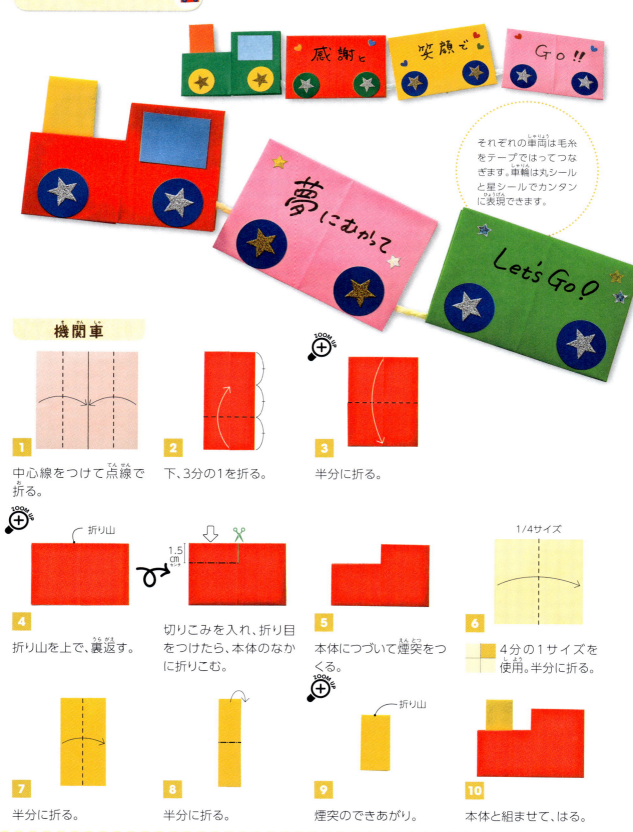

くるま

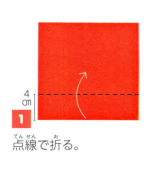

1 点線で折る。

2 半分に折る。

3 左右の角を折る。

4 半分に折る。

5 折り目をつけて、内側に折りこむ。

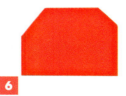

6 メッセージは内側に書く。

タイヤとランプは、丸シールで飾りつけましょう。

客車・貨車

1 中心線をつけて、点線で折る。

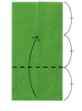

2 下、3分の1を折る。

3 角を折る。

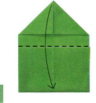

4 下まで折る。

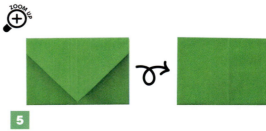

5 裏返す。

車輪をデコレートして、メッセージを書いてね。

谷折り 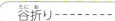 山折り  折り目 ——— 裏返す  拡大図

41

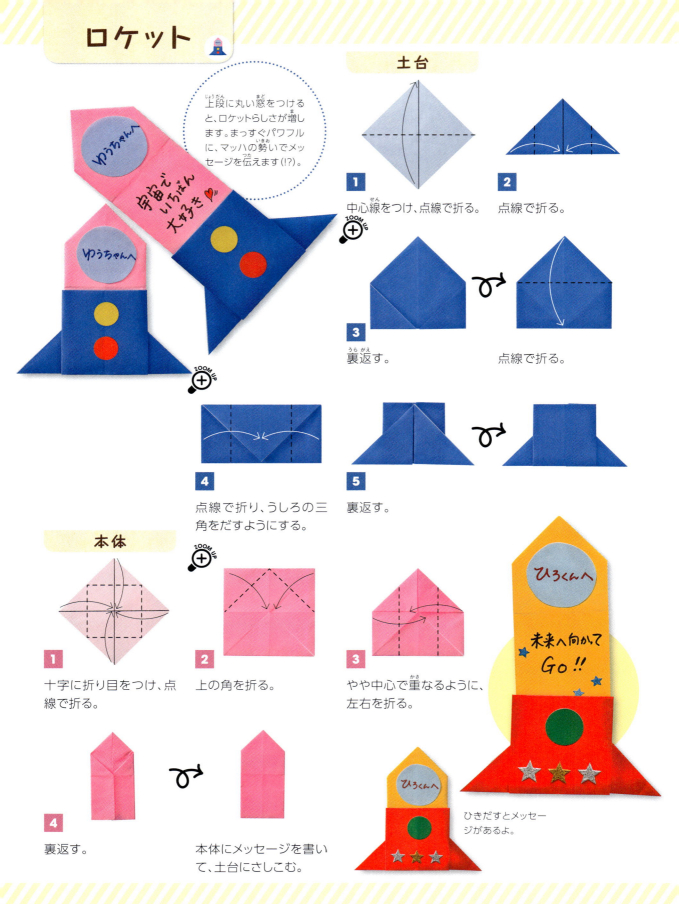

お守りカード（袋つき）

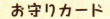
お守りカード

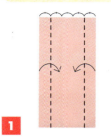

1 2分の1サイズを使用。左右を折る。

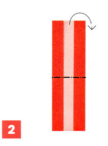

2 半分に折る。

3 左右の角に折り目をつける。

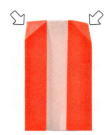

4 内側に折りこむ。

4 飾りつけ部分をあけて、メッセージを書こう。

かざり 1cm幅と0.5cm幅の折り紙を組み合わせて使う。リボンは二つ折りからカットして、丸シールでアクセント。

中入れシート このサイズを目安に。

お祝いにも、感謝にも、励ましにも、お願いごとにも、何でも使えちゃいます。

お守り袋

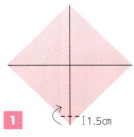

1 十字に折り目をつけ、点線で折る。

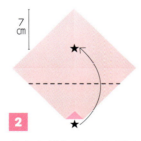

2 ★と★が合うように折る。

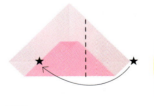

3 ★と★が合うように折る。

4 ★と★が合うように折る。

5 はみだした三角を向こう側に折る。

6 ふた部分を折る。

7 お守り袋、完成。

谷折り ------ 山折り -·-·- 折り目 —— 裏返す 拡大図

季節も伝える「おりがみ手紙」

ふだん使いに、さらに春夏秋冬の風情を添えたり、行事にも使えるものを紹介します。

「えんぴつ」のつくり方
P54

「ノート」のつくり方
P55

えんぴつ
ノート

入園や入学のお祝いにちょっと気の利いた「おりがみ手紙」を添えてはいかが？ えんぴつはひらいたところにもメッセージが書けます。ノートもなかにしっかり書けるので、連絡帳やお知らせに使うと楽しいですよ。

お弁当のお礼はおむすび!? 遠足やレジャーで楽しんできたことは、カメラに書いてお便りしましょうか。なかに写真をはってもステキです。「いってらっしゃい」の思いはバスに乗せて……? カメラとバスは、おみやげを渡すときのひとことカードにも使えますよ。

バス
カメラ
おむすび

「おむすび」のつくり方 **P57**

「カメラ」のつくり方 **P56**

「バス」のつくり方 **P56**

バスは立てて飾ることもできます

カーネーションと額縁レター

つくり方 **P60**

母の日の「おりがみ手紙」には、カーネーションと似顔絵＆メッセージはいかが？ 笑顔の似顔絵はステキな宝物、このセットなら喜ばれること間違いなし！ 額縁レターは敬老の日に贈るのもいいですね。心のこもった特級品のプレゼントです。

アイス&コーン
うちわ
風鈴

目に涼やかな夏の品々。暑中見舞いにはもちろん、夏休みの伝言用、夏行事のお誘いなどに使ってみませんか？たくさんつくって、飾りつけても絵になりますから、お部屋のインテリアとしたり、お店や施設の「夏のディスプレー」にも使えます。風鈴はさげればユラユラして、かわいいです。

「くす玉」のつくり方 **P73**

「扇」のつくり方 **P65**

扇（おうぎ） くす玉

本物のくす玉はなかなかつくれないけれど、このくす玉ならお手軽。しかも、かわいいでしょ？ 小さなことから大きなことまで、お祝いにどうぞ。扇は、末広がりで長寿のお祝いにピッタリ。松竹梅に飾れば、お正月飾りにもできますよ。

ハロウィーン
かぼちゃカード おうちカード

ハロウィーンらしさをだすには、オレンジ色を使うのがおすすめ。季節限定カードになりますが、なかにはどんなことを書いてもオーケーなんですよ。おうちカードは、お引っ越しのお知らせやごあいさつにも使えます。こんなかわいい通知なら大事にしてもらえそう。

「おうちカード」のつくり方 **P67**

「かぼちゃカード」のつくり方 **P66**

ひらくと

ひらくと

お正月リース
絵馬　破魔矢
お守り　だるま

新年のお祝いの言葉、願いや祈りの言葉、受験シーズンには応援メッセージを添えて贈ります。やさしい気持ちが伝わり、ハッピーになりますね。このなかで、お守りには一筆箋くらいの手紙が添えられるようになっています。文章のメッセージもどうぞ。

ノート

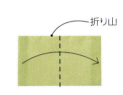

1. 中心に折り目をつけ、点線で折る。
2. 半分に折る。
3. 半分に折る。
4. 折り山があるほうが、とじ側。

背（綴じ）

1. 4分の1を使用。2cm幅に切る。
2. 半分に折る。
3. 本体と組み合わせる。

組み合わせ とじ側に、のりで背をはって完成。

ミニミニ感がキュートなノートは、表紙にこだわるのも楽しいですよ。案内状や招待状にも使えますね。

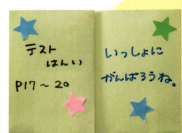

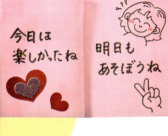

バス　カメラ

窓やラインは折り紙を切ってはり、タイヤやライトには丸シールを使います。バスののんびりモードをメッセージにしてはいかが？

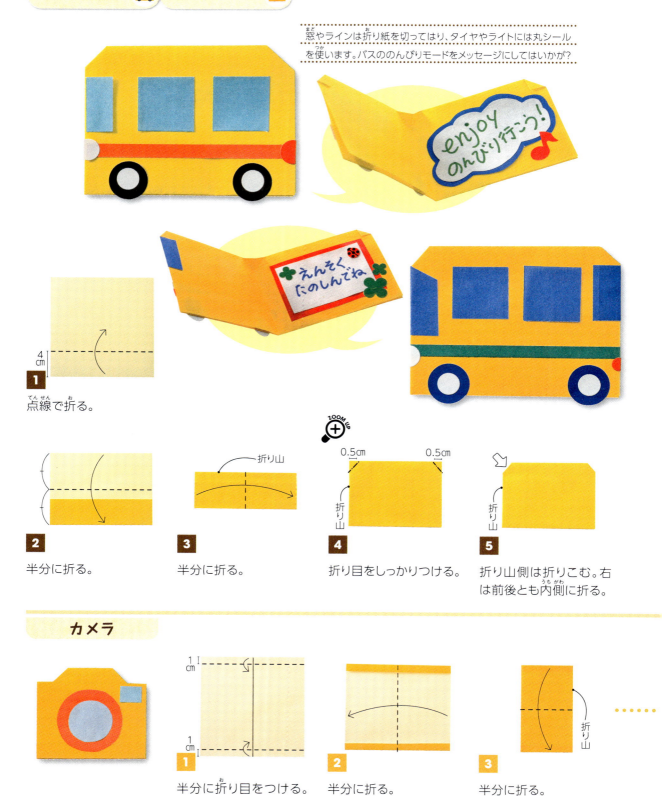

カメラ

1 半分に折り目をつける。点線で折る。

2 半分に折る。

3 半分に折る。

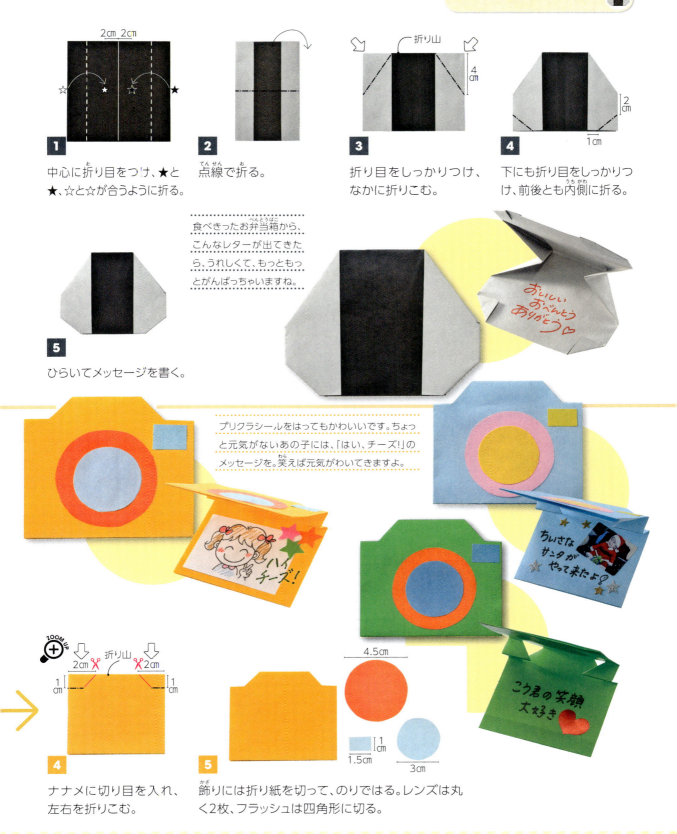

こいのぼり

お節句にも「おりがみ手紙」を。世界でひとつだけ、きみのためのお祝いです。2匹は、マゴイは寒色、ヒゴイは暖色にしましょう。目は丸シール2つで、矢車は丸シールに星形を組み合わせます。

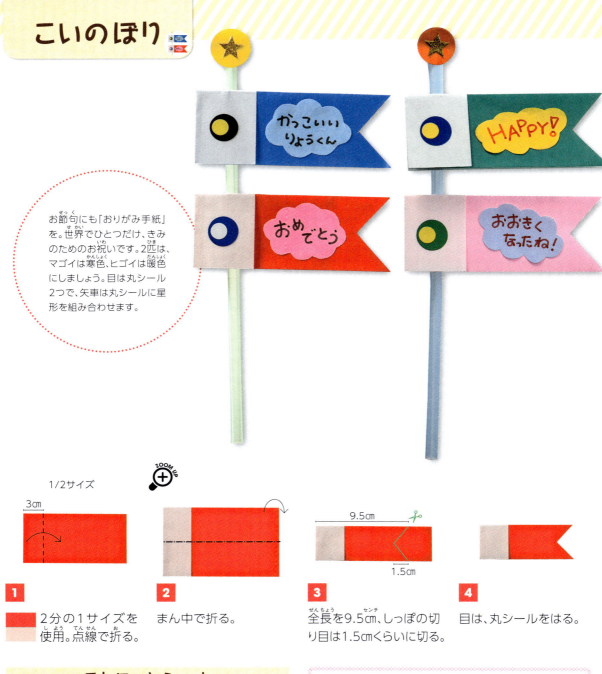

1 2分の1サイズを使用。点線で折る。

2 まん中で折る。

3 全長を9.5cm、しっぽの切り目は1.5cmくらいに切る。

4 目は、丸シールをはる。

ストローとシール

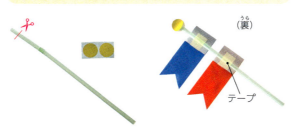

曲がるストローの場合は、曲げの部分がこいのぼりで隠れるように切って、長さを調整。

ストロータイプの飾り方

「こいのぼり」のじくにはストローを使っています。飾っておきたいなあ、というときに、ストローを長くつないでペン立てにさすとステキです。コルクボードと合わせても絵になります。

かぶと

1 点線で折る。

2 裏返す。

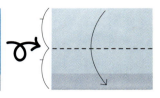

半分に折る。

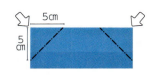

3 左右の肩に折り目をしっかりつけて、折りこむ。

4 裏返す。

前面だけ、点線で折る。

5 お好みに飾りつけして、メッセージを書こう。

飾りを変えて、ステキなカブトをつくってみてね。下がひらくようになっているので、立てることもできます。ホームパーティーの食卓飾りに置いてあるとうれしいね。

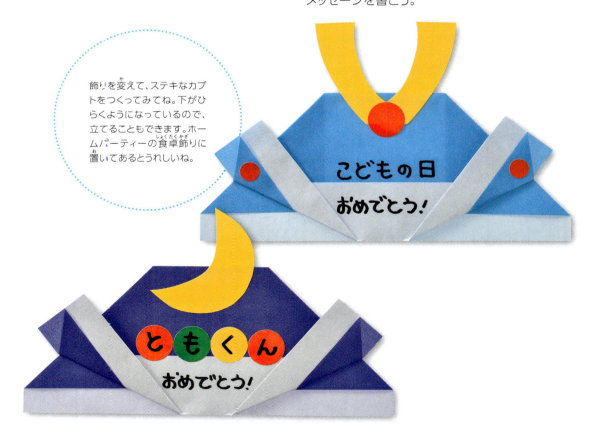

谷折り･･･････ 山折り─･─･─ 折り目──── 裏返す 拡大図

59

カーネーションと額縁レター

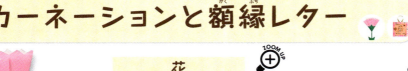

花の部分は広げられて、立体感が出せます。メッセージは額縁レターとして添えましょう。

花

1 半分に折る。

2 半分に折る。

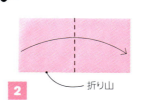
3 点線で折る。

4 ギザギザに切る。少しカーブさせる。ピンキングバサミを使うとよい。

5 切れたら、ひらく。

6 中心から、少し下にずらして折る。

7 下の白地が見える。

8 裏返して、点線で折る。

9 右側は、点線で後ろに折る。

茎を通すために少し切る。

がく
1/8サイズ

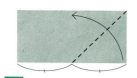
1 8分の1サイズを使用。右側を三角に折る。

2 ★と★が合うように折る。

3 半分に折る。

4 図の位置をハサミで切る。

5 ひらいて、茎を通す部分を切る。

茎

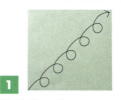
1 対角線の向きにクルクルと巻き、のりでとめる。

2 下の細い部分は切る。

葉

1/8サイズ

1
8分の1サイズを使用。半分に折る。

2
折り目をつけ、中心に向かって折る。

3
半分に折る。

4
2枚つくって、組むときに合わせる。

組み合わせ

1
切ったところに茎を通す。

2
先にテープをよって花を固定する。がくを通し、のりで花にはる。

3
葉は1枚をひらいてテープではり、とじてからもう1枚をのりではる。

額縁

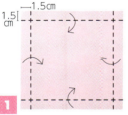
1.5cm / 1.5cm
1
点線で折る。

2
どの辺も左が上になるように重ねる。

額のなか

1
中心に向かって、点線で折る。

2
裏返してから、似顔絵とメッセージを書き、額縁に入れる。

アイス&コーン

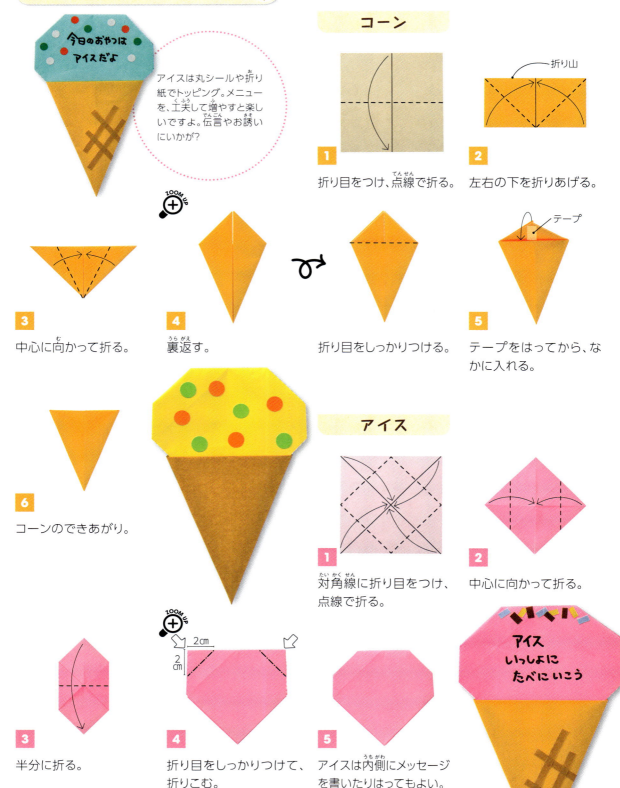

風鈴

金魚はシールを使ってもいいですね。水草は細い線で表現できます。夏っぽい絵柄を工夫してみましょう。涼やかになるメッセージを短冊に添えて。

1 半分に折り目をつけ、点線で折る。

2 半分に折る。

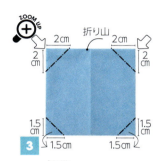

3 角を内側に折る。上は折りこむ。

4 夏らしく飾りつけよう。

組み立て前に書いておこう

ひもをはってからではきれいに書けないので、メッセージは組み立て前に書きましょう。写真のように、青い線を組み合わせるだけで波の表現もできます。文字は筆ペンで書くと和風な感じがよくでます。

短冊

1 2分の1サイズを使用。10cmに切る。

2 半分に折る。

3 文字は組み合わせ前に書く。

組み合わせ

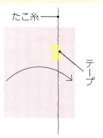

たこ糸をテープではり、のりでとじてから、風鈴のなかにテープではる。

扇（おうぎ）

扇

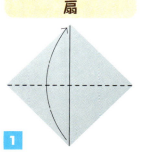

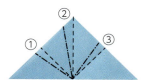

1 折り目をつけ、点線で折る。

2 中心に向かって折り目をつけて、もどす。

3 ①②③の順番に段折りする。

4 印の位置を円周のようにカーブに切る。

別名「末広がり」ともいい、先々がよいという縁起物です。長寿祝い、結婚、昇進など、お祝いごとによく、言葉は少なくても気持ちが伝わります。

5 丸シール、または直径2cmの折り紙を用意する。

6 角にはって、うしろに折り曲げる。台紙にはのりではる。

台紙

1 どの辺も左が上にくるように、点線で折る。

2 一角に、お好みのリボンや毛糸をテープではろう。

お年寄りもいっしょに楽しもう！

この本で紹介している「おりがみ手紙」は、小さなお子さんから、お年寄りまで、どんな年代の方にもつくれるものばかりです。折り紙が幅広い世代をつなぎます。似顔絵つきの折り紙額縁は、家族へのプレゼントとしてきっと喜ばれます。

谷折り -------- 山折り -・-・- 折り目 ——— 裏返す 拡大図

ハロウィーン おうちカード

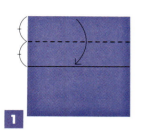

1 半分に折り目をつけ、点線で折る。

2 中心線で、うしろに折る。

3 点線で折る。左は折りこむ。

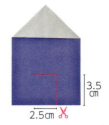

4 上の1枚だけ、印の位置を切る。 3.5cm / 2.5cm

5 点線で折り、ドアの開閉ができるようにする。

内側のかざり
かぼちゃ形には顔を書き、ふきだしにメッセージを。シールもはるとにぎやかに!

おうちカードのおもしろさは「三変化」。扉や窓をあけてみて。それから全部をあけてみて。

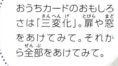

ドアをひらくとだれかな？

さらにひらくとメッセージ！

谷折り ------ 　山折り -・-・-　 折り目 ——— 　裏返す　拡大図

クリスマス ツリーカード

大小のシールを、モールのようにならべてはり、トップには大きめの星を飾れば、ほら、ステキ。ツリーをひらくとメッセージが。オーナメントのひとつのように、折り紙でつくってはりましょう。このカード自体もリボンなどをはれば、オーナメントに使えます。

1 半分に折る。

2 半分に折る。

3 折り山を左にして、左右のはし、4ヵ所に切り目を入れる。

4 点線で折る。折り目をしっかりつける。

5 ひらいて、それぞれなかに折りこむ。

表も裏も飾りつけを楽しめる。

幹

1/4サイズ

1 4分の1サイズを使用。半分に折る。

2 点線で折る。

3 折り山が下で完成。

ツリーの一番下の紙とその上の紙で、幹をはさむようにして、のりではる。

クリスマス リースカード

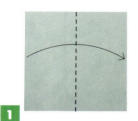
1 半分に折る。

2 折り目をつけ、点線で折る。

3 印の位置、直径4㎝の半円を切る。コンパスを使うとカンタン。

4 切りとったら、ひらく。

5 半分に折る。

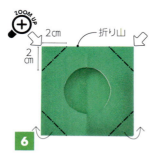
6 角を折る。上は折りこむ。

7 ひらいてメッセージを書こう。

バレンタインリース

ピンクにハートのシールをちりばめるとバレンタインリースになりますよ。また、ウエディングの案内カードにも使えそう。

なかがちょっとのぞいているのがかわいいでしょ？ひらくとメッセージが。リースらしくモリモリに飾りましょう。色とメッセージを変えれば、クリスマスでなくても使えます。

谷折り------ 山折り-・-・- 折り目―― 裏返す 拡大図

クリスマス 大きめリース / お正月リース

これはあえてメッセージを書かないタイプとして考えました。リボンなど好きなところにメッセージを添えてもオーケー。大きなリボンやベルは、折り紙二つ折りから切る（P6参照）ときれいな対称形につくれます。

1 折り目をつけ、点線で折る。

2 それぞれの角を2cmくらい折る。

3 半分に折る。

4 さらに半分に折る。

5 線の位置をハサミで切る。

6 切りとったら、ひらく。

7 キラキラに飾りつけよう。

お正月リース

赤の折り紙や千代紙でつくればお正月リースになります。4分の1のサイズで扇（P65）をつくってはると、めでたさアップ！ 毛糸をつければさげて飾れます。

破魔矢

飾りの絵馬や短冊をつけるには、じくに毛糸を結んでおいてからはさみこんでのりづけします。

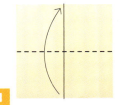

1 折り目をつけ、点線で折る。

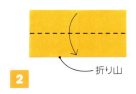

2 半分に折る。 ー 折り山

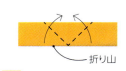

3 点線で折る。 ー 折り山

4 裏返す。

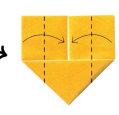

点線で折る。

5 印の位置を切る。

6 羽根を0.5cm幅で切りこむ。

7 厚いところは、無理に切らない。裏返す。

矢の組み立て

1 角から角に、クルクルと巻き、のりでとめる。

2 両端を少し切る。

3 先にのりをつけて矢の中心にさしこみ、はり合わす。

4 矢に毛糸を結ぶ。絵馬や短冊をはさんでテープでとめ、のりではる。

絵馬

1 ■ 4分の1サイズの左右を1.5cm折ってから、点線で折る。

2 半分に折る。

3 文字を書いたりシールで飾ろう。

短冊

■ 9分の1サイズを使用。たて半分に折るだけ。
ー 折り山

お守り

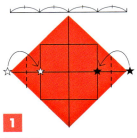

1 対角線と、角は中心まで折って折り目をつける。同じ印が合うように折る。

2 裏返す。

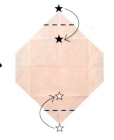

上下も同じ印が合うように折る。

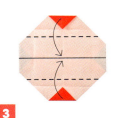

3 上下を中心線に向かって折る。

4 左右を中心線に向かって折る。

5 両肩にしっかり折り目をつけ、折りこむ。

6 裏返す。

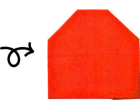

四角の切り紙をはって飾ろう。

お手紙とひも

お手紙は4分の1サイズの折り紙を。三つ折りすると、さしこめる。毛糸は写真のように結んで、本体にはステープラーでとめる。

だれにあげても喜ばれる手づくりのお守り。別紙のお手紙をはさめるようになっています。飾りには同色系の千代紙を合わせると、なじみよくステキに仕上がります。裏をとめるシールにも和柄が合いますね。千代紙をシールのように使ってもよいです。

だるま

1 よこもたても4等分に、折り目をつける。点線で折る。

2 点線で折る。

3 点線で折る。

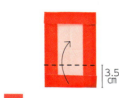

4 点線で折る。

応援したり、お願いごとを書くのにぴったりの縁起物。赤のだるまが魔除けとして有名ですが、色によって意味があるそうです。黄色なら金運、ピンクなら恋愛運……とか。いろいろ挑戦してみてください。お顔は丸シールを使うとカンタンにできちゃいます。

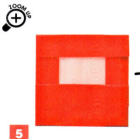

5 裏返す。点線で折る。

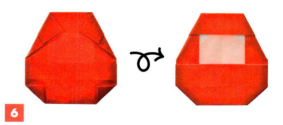

6 だるまの形がつくれたら、裏返す。白地に顔を書き、本体を飾ってメッセージを書こう。

絵馬

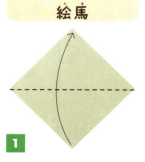

1 半分に折る。

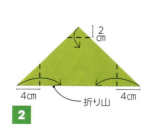

2 点線で折る。

3 リボンをテープでつける。裏返してだるまをのりではろう。

谷折り------- 山折り------- 折り目——— 裏返す 拡大図

75

ホールケーキ

1 中表になるように半分に折る。

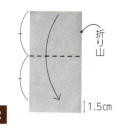

2 点線で折る。

3 折り目をしっかりつけて、ひらく。

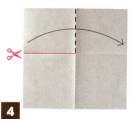

4 印の位置に切り目を入れ、上は手前に折る。

5 下は向こう側に折る。

6 色の見える部分を向こう側へ折る。

7 裏返す。

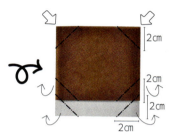

角をそれぞれ向こう側へ折る。上の角はなかに折りこむ。

8 ラインは0.5cm幅、0.2cm幅に折り紙を切って、重ねてはる。

パンチしたハートをさかさにして、丸シールと合わせると、ほら！クリームデコレーションのできあがり。サンドしたクリームは、細く切った折り紙テープ2枚で表現。シールもじょうずに活用して、オンリーワンのケーキをつくってくださいね♪

おひなさま

おひなさまの飾りは、折り紙を切ってつくりましょう。シールも効果的に使ってみて。右ページのように、両面千代紙で着物をつくると、雅な雰囲気になりますよ。

着物

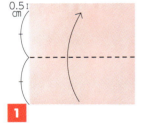

1 上に0.5cmくらい残して、折る。

2 左右の角を、白地の下に合わせるように折る。

3 下の辺を、色が0.5cmくらい見えるところまで折る。

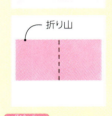

屏風
メッセージは屏風に。二つ折りして、さらに半分に折り目をつけるだけ。

4 裏返す。

★印の辺と辺が合うように、左から折る。

5 同じように右を折る。

6 左袖(向かって右)が前にくるようにして、のりでとめる。

おひめさま（顔）

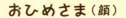
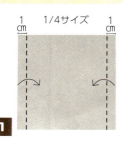

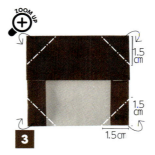

1. 4分の1サイズを使用。左右を1cmずつ折る。
2. 点線で折る。
3. 角をそれぞれ点線で折る。
4. 前髪、印の位置を切る。かわいい顔を書いてね。

おとのさま（顔）

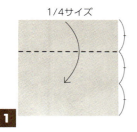
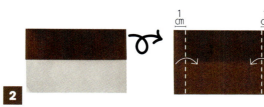
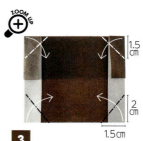

1. 4分の1サイズを使用。点線で折る。
2. 裏返す。
3. 点線で折る。
4. 角をそれぞれ折る。

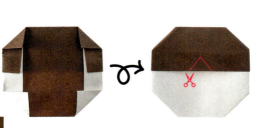

4. 裏返す。

前髪、印の位置を切る。かわいい顔を書いてね。

千代紙でもつくってみてネ。

谷折り------　山折り-・-・-　折り目———　裏返す　拡大図

■著者紹介

いまいみさ

折り紙を中心にリサイクル素材も活用し、身近な材料で手軽に作れる「手づくりおもちゃ」の提案をする造形作家。その作品は、新聞や教科書、保育誌や児童誌にも掲載されることで広く知られている。また日本各地でワークショップを開催し、小学校や保育園・幼稚園、介護施設での講演と、こどもから大人まで幅広く、手づくりの温かさや工作の面白さを伝える活動を続けている。

著書には、『きったりはったり おりがみでおみせやさん!』(毎日新聞出版)、『おりがみで作るかわいい室内飾り12か月』(チャイルド本社)など多数、近著には『季節を楽しむかわいい童謡おりがみ』(チャイルド本社)を刊行、折るだけにとどまらない多彩な楽しみを提案。

また、オリジナル折り紙として『いまいみさのつくってたのしいおりがみシリーズ』(トーヨー)が各種発売され、好評を得ている。

いまいみさのおりがみ手紙
毎日楽しめ まごころ伝わる ハッピー・クラフト

2017年3月16日 第1刷発行

著 者	いまい みさ
発行者	鈴木 哲
発行所	株式会社 講談社 〒112-8001 東京都文京区音羽2-12-21 販売 03-5395-3606 業務 03-5395-3615
編 集	株式会社 講談社エディトリアル 代表 田村 仁 〒112-0013 東京都文京区音羽1-17-18 護国寺SIAビル 編集部 03-5319-2171
印刷所	半七写真印刷工業株式会社
製本所	大口製本印刷株式会社

制作協力／霜田由美　河上さゆり
　　　　　Natsuki　Moko　森本美和
折り紙提供／株式会社トーヨー
http://www.kidstoyo.co.jp

ブックデザイン／八島 順　村山千景
撮影／椎野 充(講談社写真部)
編集協力／平入福恵

定価はカバーに表示してあります。
本書のコピー、スキャン、デジタル化等の無断複製は、著作権法上での例外を除き禁じられています。本書を代行業者等の第三者に依頼してスキャンやデジタル化することはたとえ個人や家庭内の利用でも著作権法違反です。
落丁本・乱丁本は購入書店名を明記のうえ、講談社業務あてにお送りください。送料は小社負担にてお取り替えいたします。
なお、この本の内容についてのお問い合わせは、講談社エディトリアルまでお願いいたします。

ISBN978-4-06-220503-0　©Misa Imai 2017,Printed in Japan